내 가족만
소중한 건 아니야

글 베라 티멘칙 | 그림 스베틀라나 필립포바 | 옮김 이경아

내 가족만 소중한 건 아니야

지은이 베라 티멘칙 | **그린이** 스베틀라나 필립포바 | **옮긴이** 이경아
처음 펴낸날 2009년 11월 27일 | **개정판 1쇄 펴낸날** 2018년 3월 9일
펴낸이 최금옥 | **펴낸곳** 이론과실천 | **등록** 제10-1291호
주소 (121-822) 서울시 마포구 포은로 8길 32(국일빌딩) 201호
전화 02-714-9800 | **팩시밀리** 02-702-6655

Families, Ours, and Theirs (Original Russian Title Семья у нас и у других)
@ 2006 by Vera Timenchik
@ series by Ludmila Ulitskaya
@ illustrations by Svetlana Filippova
Published by arrangement with ELKOST Intl. Literary Agency

이 책의 한국어판 저작권은 PubHub 에이전시를 통한 저작권자와의 독점 계약으로 도서출판 이론과실천에 있습니다. 저작권법에 의해 한국 내에서 보호를 받는 저작물이므로 무단 전재와 무단 복제를 금합니다.

ISBN 978-89-313-8114-6 73890

- 이 책의 일부 또는 전부를 사용하려면 반드시 저작권자와 이론과실천 양측의 동의를 모두 얻어야 합니다.
- 값 12,000원
- 잘못된 책은 바꾸어 드립니다.

꼬마이실은 이론과실천의 어린이책 브랜드입니다.

저자 소개

이 책을 지은 **베라 티멘칙** 선생님을 소개합니다. 나는 베라 선생님을 특별히 새로 만날 필요가 없었어요. 왜냐고요? 선생님이 태어났을 때부터 알고 있었거든요. 어디 그뿐인가요? 베라 선생님의 부모님과 자매, 삼촌 두 명, 할머니와 선생님의 남편인 안드레이와 아들 그리샤까지 아는걸요. 베라 선생님은 대학을 졸업하고 지금은 학자가 되어 연구 생활을 하고 있어요. 나는 선생님을 찾아가 가족에 대한 책을 써 줄 수 있는지 물어보았어요. 선생님은 "물론이죠!"라고 흔쾌히 대답해 주었어요. 나중에 생각해 보니 정말 탁월한 선택이었지 뭐예요. 베라 선생님처럼 좋은 가족을 가진 사람이 책을 잘 못 쓸 리가 없잖아요. 내 예감은 적중했어요. 베라 선생님은 여러 민족이 어떻게 가족을 이루고 살아가는지에 대해서 좋은 글을 써 준 것도 모자라 공통점이라고는 아무것도 없는 두 가족의 두 소년에 대한 재미있는 이야기도 써 주었어요.

류드밀라 울리츠카야

차 례

1장 검은 머리의 잘생긴 전학생 **6**

2장 아홉 명이 함께 사는 다우트네 **16**

3장 키릴의 엄마와 엄마의 남자 친구? **29**

4장 다우트의 초대 **39**

5장 가족은 서로 돕는 관계 **50**

6장 키릴에게 쌍둥이 여동생이 태어나다 **68**

검은 머리의 잘생긴 전학생

　새 학년이 시작되는 9월 1일 키릴의 반에 전학생이 왔어요. 검은 머리에 키는 중간 정도인 잘생긴 외모를 보니 카프카스(흑해와 카스피 해 사이에 있는 지역으로 러시아, 조지아, 아제르바이잔, 아르메니아 등 여러 나라가 접해 있는 동서 교통의 요충지)에서 온 것 같았어요. 키릴은 새로 온 친구에 대해서 별로 관심이 없었어요. 친구들과 여름방학을 어떻게 보냈는지 수다를 떠느라 정신이 없었거든요. 모두 여름방학에 대해서 할 말이 많은 것 같았는데, 그중에서도 키릴은 더했어요. 곧 1교시가 시작되었어요. 전학생은 키릴의 옆자리에 앉게 되었어요. 하지만 둘은 점심시간이 될 때까지 채 두 마디도 나누지 않았어요. 키릴이 옆자리 전학생에 대해서 아는 것이라고는 이름이 '다우트'라는 것이었어요. 근사한 이름이죠.
　점심시간에 싸움이 일어났어요. 유명한 싸움꾼인 비트카 보브로프가 불쑥 전학생에게 다가오더니 시비를 걸었어요.

"야! 어제 시장에서 오렌지를 판 '아제르'가 네 아빠지?"

'아제르'는 아제르바이잔 사람을 부르는 말인데, 얕보는 의미를 가지고 있어요. 사실 다우트는 아제르바이잔이 아니라 압하지야(러시아 영토 내 자치공화국) 사람이었어요. 하지만 보브로프가 시비를 거는데 그런 건 아무래도 상관이 없겠죠? 다우트는 보브로프보다 머리 하나는 작았어요. 하지만 조금도 움츠러들지 않고 곧장 보브로프의 목을 때렸어요. 놀란 보브로프가 고함을 쳤어요.

"촌놈 주제에 날 때렸어?"

그 소리를 듣고 카즐로프와 볼코프가 곧장 달려왔어요. 그 다음은 안 봐도 뻔하죠. 사내아이들의 몸싸움이 벌어지고 말았어요. 아이들은 주먹을 주고받고 셔츠를 거칠게 잡아당기며 숨을 가쁘게 몰아쉬었어요. 결국 전부 운동장 한가운데에 뻗고 말았어요. 결코 보기 좋은 모습은 아니었어요. 키릴이 보브로프를 끌어냈어요. 땀에 젖고 얼굴이 붉게 상기된 아이들은 다시 싸우려는 듯 비틀거리면서 일어났어요. 바로 그때 키릴이 차분하게 말했어요.

"다들 그만해!"

그 말이 효과가 있었는지 소년들은 흩어졌어요.

수업 시작을 알리는 종이 울리자 운동장을 감돌던 긴장감이 순식간에 풀어졌어요. 그런데 바로 그때 어디선가 아나톨리 바실리예비치 선생님이 나타났어요. 지리를 가르치는 아나톨리 선생님은 학생주임이기도 해요.

"자, 자! 시작부터 시끌벅적하구나! 어이, 보브로프. 그리고 전학생……. 두 사람 다 수업 마치고 내 방으로 와라. 어쨌든 전학생, 인사부터 해야겠지? 반갑다."

선생님은 다우트에게 가볍게 인사하고는 지나갔어요.

"나쁜 자식들!"

다우트가 중얼거렸어요.

"전부 그런 건 아니야. 보브로프가 나쁘지, 카즐로프와 볼코프는 그냥 똘마니일 뿐이야. 그런데 넌 왜 싸운 거니?"

키릴의 말에 다우트는 몹시 모욕을 받은 표정으로 대답했어요.

"녀석이 우리 아빠가 시장에서 장사를 한다고 했으니까! 우리 아빠는 영장류 연구소의 부소장이셨어. 수후미(압하지야 자치공화국의 수도)에 있었던 원숭이 연구소 말이야! 그거 모르는 사람이 어디에 있겠어! 지금은 원숭이는 없어. 전쟁으로 다 파괴되었거든. 원숭이들도 그때 다 죽었어. 그래서 우리 가족은 모스크바로 왔어."

"나머지는 나중에 해, 수업에 늦겠어!"

키릴이 다급하게 다우트의 팔을 잡아끌었어요.

수업이 끝나자 다우트가 키릴에게 이렇게 말했어요.

"있잖아, 학생주임 선생님에게 꼭 가야 해?"

"왜 안 가려는 거야? 아나톨리 선생님은 좋은 분이셔, 겁낼 게 뭐 있어? 넌 잘못한 게 아무것도 없잖아. 내가 만약 너라면……."

"선생님이 무서워서 그러는 게 아니야. 넌

아무것도 몰라. 혹시 선생님이 오늘 일을 가정 통신문에 기록하시면 큰일 난단 말이야. 우리 아빠는 절대 싸움을 못하게 하셔. 그래서 그걸 보시면 누구 잘못인지는 관심이 없으실 거란 말이야."

방과 후 다우트는 선생님을 찾아갔어요. 보브로프는 나타나지 않았어요. 하지만 키릴은 옆에 서 있었어요. 만약을 대비해 증인으로 말이죠.

5분 정도 흘렀을까. 아나톨리 선생님이 방에서 머리를 불쑥 내밀었어요. 양손에는 커다란 케이크 한 조각을 들고 있었죠. 선생님은 아이들을 힐끔 보더니 껄껄 웃음을 터뜨렸어요.

"보브로프는 안 왔어? 둘 다 오라고 했는데! 좋아, 그냥 가라. 보브로프가 있을 때 다시 보자."

그러더니 선생님은 케이크를 먹으면서 가 버렸어요.

키릴과 다우트는 집으로 돌아가는 길에 이야기를 계속했어요. 알고 보니 두 사람은 가는 방향이 같았어요. 그뿐만 아니라 같은 아파트에 살고 있는 게 아니겠어요? 두 사람의 집은 학교에서 버스로 세 정거장만 가면 돼요. 버스를 기다리려니 지겨워서 둘은 걸어가기로 했어요. 키릴은 수업 시간 내내 궁금했던 걸 물었어요.

"난 아무리 생각해도 모르겠어. 선생님이 가정 통신문에 싸움에 대해서 쓰시면 어떻게 된다는 거야?"

"그건 나도 몰라. 어쨌든 아빠가 엄청 화를 내실 거야. 아마 벌을 주실지도 몰라."

"그럼 아빠가 널 때리신다는 거야? 아빠가 때려?"

키릴은 그럴지도 모른다는 생각에 깜짝 놀랐어요.

"아빠는 한 번도 날 때리신 적이 없어. 하지만 이번 일로 맞을지도 모르겠다."

다우트가 단호하게 말했어요.

"이번 일이 왜?"

키릴은 여전히 잘 이해가 되지 않는다는 표정을 지었어요.

"너도 한번 생각해 봐. 오늘은 내가 처음 등교하는 날이잖아. 모두 내가 우리 민족, 문화, 가족을 대표한다고 생각하잖아. 그런 내가 싸움을 한 거야."

"하지만 네 잘못이 아니잖아!"

키릴이 말했어요.

"그게 무슨 상관이야. 난 우리 가족의 명예를 더럽혔어. 이건 정말 나쁜 거야. 내가 우리 민족 전부를 수치스럽게 만든 거라고 해도 난 할 말이 없어."

"하지만 그 녀석이 네 아빠를 '아제르'라고 했잖아."

"맞아. 하지만 잘 생각해 보면 그렇게 화를 낼 일도 아니었어. 녀석은 우리 아빠가 아제르바이잔 사람이고 시장에서 물건을 판다고 말했을 뿐이야. 아제르바이잔 사람이면 어떻고 시장에서 장사를 하면 어때. 그건 나쁜 일이 아니잖아. 녀석이 시비를 걸려고 그저 멍청한 소리를 했을 뿐이지. 그런데 내가 더 멍청했어. 그 소리를 듣고 생각도 하지 않고 주먹부터 날렸으니까. 아이고, 이번에는 아빠 주먹이 날아오겠네."

다우트는 무척 걱정스러운 것 같았어요.

"잠깐만, 학생주임 선생님은 가정 통신문에 아무것도 쓰지 않으셨어."

키릴이 깜짝 놀라서 말했어요.

"그래도 아빠에게 말씀은 드려야 해. 아무것도 안 쓰셨다니 조금은 마음이 놓인다. 어쨌든 말해야 해. 다른 사람을 통해 이 일을 알게 되시면 나중에 더 혼날 테니까."

"아빠가 그렇게 엄하셔? 난 아빠와 따로 살아. 하지만 우리가 같이 살았을 때도 우리 아빠는 한 번도 벌을 주지 않으셨어. 지금이라면 벌을 주시려고 해도 못 주실 거야. 내가 그냥 와 버리면 되니까."

"넌 그걸 말이라고 하냐? 아빠는 아빠야. 아빠는 내게 늘 잘해 주시고 바르게 자라도록 가르쳐 주셔. 만약 혹시라도 아빠에게 매를 맞는다면 그건 분명히 내가 절대 해서는 안 되는 행동을 했기 때문일 거야. 아빠도 할아버지께 딱 한 번 맞으셨는데 그때 일을 지금도 잘 기억하고 계셔. 그때 할머니를 무척 화나게 하셨다는데 무슨 일이 있었는지는 말씀해 주지 않으셔. 지금도 그 일을 생각하면 쥐구멍에라도

숨고 싶을 정도래. 그 일을 계기로 아빠는 부모님의 뜻을 절대 거스르면 안 된다는 교훈을 얻으셨어. 설사 모르고 하는 일도 안 돼. 우리 아빠는 정말 좋은 아빠야! 아빠는 건축 일을 하시는데 압하지야에서는 큰 건물을 짓는 일을 감독하셨어. 그러다가 연구소 부소장으로 취임하셔서 연구동을 지으셨어. 모스크바에서는 건축 현장감독이셔."

다우트는 미간을 찌푸리더니 화가 난다는 듯 언성을 높였어요.

"우리 아빠는 시장에서 장사 같은 건 하지 않아! 우리 엄마는 의사야! 왜 여기 사람들은 카프카스에서 왔다고 하면 전부 시장에서 장사를 한다고 생각하지?"

"무슨 소리야. 나는 절대 그렇게 생각하지 않아! 그리고 시장에서 장사를 하면 어때? 너도 아까 그랬잖아. 그게 뭐 어떠냐고. 직업에 귀천이 어딨어!"

키릴은 그렇게 말하면서 속으로는 딴생각을 했어요. '그나저나 정말 엄한 아빠잖아!'

가족은 모두 몇 명?

　유럽이나 미국 같은 현대사회에서 일반적으로 볼 수 있는 가족은 아빠와 엄마, 자녀로 구성돼요. 아이들은 자라서 자신의 가족을 꾸리게 되죠. 한 집에 2대만 모여 사는 가족 형태를 '핵가족'이라고 해요. 여기에 할머니와 할아버지, 결혼을 하지 않았거나 결혼한 뒤에도 삼촌이나 고모가 함께 사는 가족 형태는 '대가족'이라고 해요. 이럴 경우 가족은 수십 명이 될 수도 있어요. 핵가족은 어느 민족에게나 볼 수 있어요. 그런데 일부 사회에서는 핵가족이 대가족에 포함되는 경우도 있어요.

　최근에는 아빠와 아이 혹은 엄마와 아이 단 두 사람으로 구성된 가족을 많이 볼 수 있어요. 물론 엄마 혼자 아이를 키우는 집이 훨씬 더 많은 수를 차지하지만, 아빠 혼자 자녀를 키우는 가족도 적지 않아요. 엄마보다 아빠 혼자 아이를 키우기가 더 어려워요. 그래서 이런 아빠들을 도와주는 센터가 마련되어 있는 도시도 있어요.

　유럽과 미국에서는 가족의 핵심이 남편과 아내, 아이예요. 그런데 남편이 아내를 여러 명 맞이하는 나라도 있고, 반대로 아내가 남편을 여러 명 맞이할 수 있는 나라도 있어요. 이런 가족제도를 '일부다처제'와 '일처다부제'라고 해요.

일부다처제를 허용하는 나라에서는 남자가 동시에 여러 여자와 결혼할 수 있어요. 그러기 위해서는 남편이 부자여서 여러 아내와 아이들을 잘 보살필 수 있어야 해요. 부유한 남자들은 '하렘(여성들이 기거하던 분리된 공간)'을 만들 수도 있어요. 과거에는 터키의 술탄들이 자신의 궁에 하렘을 만들었어요. 중국의 황제와 인도의 마하라자도 많은 시녀를 두었어요. 성경에는 솔로몬 왕과 다윗 왕도 아내를 여럿 두었다고 나와 있어요.

지금도 이슬람 국가에서는 코란에 나와 있는 대로 아내를 넷까지 둘 수 있어요. 이때 한 가지 조건이 있어요. 남편이 특정한 아내만 편애하지 않고, 모든 식구를 먹여 살릴 수 있어야 해요. 아프리카에서는 지금도 하렘을 찾을 수 있어요. 20개국 이상에서 일부다처제를 허용하고 있기 때문이에요. 인도에서는 법으로 금지하고 있지만 일부다처제의 풍습이 지금까지도 이어지고 있어요.

아내 한 명이 여러 남편을 거느리는 가족 형태는 일부다처제보다 훨씬 드물어요. 이 경우에는 남편들이 서로 형제인 경우가 대부분인데, 티베트의 전통 결혼 형태의 하나예요. 장남이 아내를 맞이하면 동생들이 신혼부부의 집에 들어와서 살아요. 그러면 그 아내는 모든 형제의 공동 아내가 되는 것이죠. 인도의 나야르 부족의 경우에는 결혼식을 치르고 사흘 뒤에 신랑이 마을을 떠나야 해요. 신부를 떠난 신랑은 그 어떤 책임도 지지 않아요. 그 뒤 신부는 다른 부족의 남자를 남편으로 맞아요. 남자 역시 여러 명의 아내를 맞이해 방문해요. 이렇게 태어난 아이들은 모계를 따라요.

집안에서 남자가 주도적인 역할을 하는 가족을 '가부장제'라고 해요. 가부장제 가족에서는 가장 연장자인 남자를 모두 따라야 해요. 주로, 할아버지나 아버지, 또는 장남이죠. 가부장제가 일반적인 사회에서는 여자는 결혼하면 남편의 집으로 들어가 살아야 해요. 이런 사회에서는 가장 나이 많은 남자들이 모인 장로회의가 있어서, 사회의 온갖 문제들을 도맡아 결정해요. 이런 가족 형태는 동양에서 흔히 볼 수 있어요. 유럽에서는 아일랜드를 제외하고 전통적인 가부장제는 거의 찾아볼 수 없어요.

아홉 명이 함께 사는 다우트네

키릴과 다우트는 집으로 가는 내내 조잘조잘 이야기꽃을 피웠어요. 막상 집에 다 와서 보니 둘은 같은 동에 살고 있지 않겠어요? 다우트는 1층에 살고 키릴은 7층에 살았어요.

"전에는 왜 널 못 봤지? 정말 이상하다. 우리는 올 여름 초에 여기로 이사 왔거든!"

다우트가 놀라면서 말했어요.

"그랬구나. 나는 방학 시작하기 2주 전에, 그러니까 5월 중순에 엄마랑 탐사 여행을 떠났어. 여름 내내 인도에 있다가 노보시비르스크로 갔지. 엄마가 거기서 열리는 회의에 참석하셔야 했거든. 우리는 어제 집에 왔어."

키릴이 그동안의 일을 이야기해 주었어요.

"와, 대단하다! 인도에 다녀왔다는 말이야? 나도 가고 싶다!"

다우트는 키릴이 몹시 부러웠어요. 두 사람은 다우트의 집 앞에서 한참이나 수다를 떨었어요. 그때 갑자기 현관문이 벌컥 열리면서 검은 원피스에 검은 숄을 두른 할머니가 나왔어요. 할머니 등 뒤로 꼬마 둘이 고개를 빼꼼 내밀었어요. 집에서는 군침 도는 음식 냄새가 흘러나왔어요. 할머니가 키릴은 모르는 외국어로 다우트에게 뭐라고 말하자, 다우트가 손을 흔들면서 인사를 했어요.

"내일 보자."

그리고 집으로 들어갔어요.

이튿날 두 친구는 버스 정류장에서 다시 만났어요. 그런데 다우트는 혼자가 아니었어요. 옆에는 정말 예쁜 누나가 서 있었어요. 눈썹이 진하고 피부는 가무잡잡한데, 다우트와 많이 닮았지만 키는 훨씬 컸어요.

"우리 레일라 누나야."

다우트가 소개를 하자, 레일라는 어딘가를 보며 고개를 까닥했어

요. 그때 버스가 왔어요. 키릴과 다우트가 탈 버스가 아니라 지하철역으로 가는 버스였어요. 레일라는 둘에게 손을 흔들고는 버스를 타고 갔어요.

"그냥 걸어갈까?"

키릴이 말했어요.

"좋아."

다우트가 선선히 대답했어요. 하지만 속으로는 걷는 것보다 버스를 타고 싶었답니다.

"너희 누나는 학교 졸업했어?"

키릴이 물었어요.

"응. 지금은 간호학교에 다녀. 연기 학교에 들어가고 싶었는데, 집에서 허락을 안 해 줘서."

"허락을 안 해 줬다고? 누가?"

키릴이 이해가 안 된다는 듯 되물었어요.

"아빠가. 아빠가 연기 학교는 누나가 갈 곳이 못 된다고 그러셨어. 거기 가면 다들 담배 피우고 술을 마시기 때문에 젊은 여자가 가면 안 된대. 누나는 엉엉 울면서 허락해 달라고 했어. 결국 온 가족이 모여서 가족회의를 열었는데, 할아버지가 절대 안 된다고 하셨지. 결국 누나는 간호학교에 들어갔어."

"누나 문제를 가족이 결정했단 말이야?"

다우트는 고개를 끄덕이며 말했어요.

"배우가 되는 걸 절대 허락해 주지 않으셨어. 그래서 엄마가 간호학

교에 들어가라고 하셨어."

키릴은 금방 들은 이야기에 기분이 조금 상했어요. 레일라 누나가 너무 불쌍했어요. 배우가 되고 싶다는데, 억지로 간호사를 시키다니.

"너희 가족은 몇 명이야?"

"별로 많지 않아. 지금은 겨우 아홉 명이야. 할아버지와 할머니와 막내딸인 아이다 고모, 나는 고모와 사이가 제일 좋아. 우리 엄마, 아빠, 방금 본 레일라 누나와 남동생 두 명, 그리고 나도 있지. 전에 압하지야에서 살 때는 여기보다 훨씬 큰 집에서 살았거든. 그래서 삼촌 가족이랑 왕고모 할머니도 같이 살았어."

"아홉 명이 많지 않다는 거야? 우리는 가족이라고는 엄마와 나뿐이야."

그렇게 말하는 키릴이 슬퍼 보였어요. 방금 전까지만 해도 가족들이 레일라 누나의 의사는 조금도 고려하지 않고 진로 문제를 마음대로 결정하는 것이 싫었으면서 말이에요.

"넌 정말 좋겠다. 누나도 있고 동생도 있어서……."

"넌 아빠가 안 계셔? 돌아가신 거야?"

다우트가 혹시나 새로 사귄 친구의 마음이 상할까 싶어 조심스럽게 물었어요.

"아냐, 그런 건 아니야. 멀쩡히 살아 계셔! 우리 부모님은 이혼을 하셨어. 따로 사신 지 무척 오래되었어."

"아빠가 너희 엄마를 버린 거야?"

이렇게 말하는 다우트는 왠지 화가 난 것 같았어요.

"아냐. 그런 게 아니야. 누가 누구를 버린 게 아니라 그냥 헤어지신 거야. 우리 부모님은 모두 학자야. 아빠가 그때 그러셨어. 그건 마치 곰 두 마리가 같은 굴에 함께 사는 것 같다고. 원래 두 분은 대학을 졸업하신 후에 같은 주제를 함께 연구하셨어. 그때까지만 해도 모든 게 좋았지. 그러다 두 분 사이에 자꾸 논쟁이 생기게 되었다고 엄마가 그러셨어. 도저히 함께 연구를 할 수 없게 되신 거지. 엄마가 내 방에 들어오셔서 두 분이 이혼하기로 하셨고, 아빠는 이제 우리와 함께 살지 않을 거라고 말씀하셨던 모습을 지금도 잊을 수가 없어. 그때 나는 겨우 다섯 살이었거든. 나는 엉엉 울기 시작했어. 그러자 아빠가 들어오셔서 요즘 두 분이 너무 많이 싸워서 엄마가 너무 우울하다고 하셨어. 아빠와 따로 살면 엄마가 더 좋아지실 거라고 말이야. 두 분은 이혼을 하더라도 나를 변함없이 사랑하시고 앞으로도 사랑해 주실 거라고 하셨어. 나는 그 말을 듣고 잘 생각해 봤어. 아빠와 엄마가 따로 살면 두 분 다 명랑해지실 것 같다고 말이야. 그리고 이런 생각도 들더라. '이제부터는 용돈을 엄마한테도 받고 아빠한테도 받을 거니까 자전거를 더 빨리 살 수 있겠다.' 그때부터 나는 아빠와 따로 살고 있어.

지금은 아빠에게 새 가족이 생겼어. 그래도 아빠와 나는 자주 만나. 그리고 모두 어울리며 지내. 그러니까 아빠와 엄마와 아빠의 새 가족과 말이야. 그래서인지 우리는 심심할 때가 거의 없어. 아빠는 온갖 기발한 아이디어가 많아. 아빠와 결혼한 아줌마는 무척 예뻐. 우리 엄마하고도 무척 친하셔. 그런데 아빠와 엄마는 지금도 연구 때문에 종종 말다툼을 하셔. 정말 재미있어."

다우트는 자신의 귀가 믿기지 않는 듯 눈을 휘둥그레 떴어요.

"그럼 너희 엄마랑 아빠의 새 아내가 한 식탁에 앉아 있어도 아무렇지 않다는 거야?"

키릴이 깔깔거리며 웃음을 터트렸어요.

"그뿐인 줄 아냐? 아빠는 결혼해서 열 살이나 먹은 새 딸이 있어. 그 애는 알랴라고 해. 그리고 아들도 낳으셨지."

"그 알랴라는 애는 여동생이냐 뭐냐? 새로 낳은 아들은 네 동생이야? 반만 동생인 건가!"

키릴은 다우트에게 오래전부터 알고 있던 사실들을 설명하기 시작했어요. 모두 엄마가 가르쳐 준 내용이었어요. 키릴의 엄마는 학자이기 때문에 모르는 것이 없거든요.

"같은 부모에게서 태어난 형제나 자매는 친형제 혹은 친자매라고 하는 거야. 얼마 전에 엄마에게 들었는데, 나와 알랴는 이복형제도 아니야."

"그래? 그럼 뭔데?"

"잘 들어 봐. 이복형제는 좀 복잡해. 만약 아빠가 같으면 배다른 형제, 즉 이복형제가 되는 거야. 만약 엄마가 같으면 동복형제가 되는 거야. 그러니까 알랴는 그냥 내 '여동생'이야. 부모님이 완전히 다르잖아. 알랴는 우리 아빠의 친딸이 아니야. 아빠가 아줌마와 재혼을 하셨을 때 알랴는 다섯 살이었어. 하지만 알랴는 우리 아빠를 '아빠'라고 불러. 아빠도 늘 아들 둘에 딸 하나, 이렇게 자식이 셋이라고 말씀하시지. 정리를 하자면 우리 아빠는 의붓딸이 한 명 있는데, 그 아이와 나는 아무런 사이도 아니야. 하지만 남동생인 미슈카는 배다른 형제야. 네 말처럼 반만 동생이지."

다우트는 인상을 찌푸리며 말했어요.

"넌 어떤지 모르지만, 난 별로다. 있잖아. 전에 할아버지에게 들었는데 카프카스에는 옛날 옛날에 의형제를 맺는 의식이 있었대. 사람들이 피로 맹세를 하고 형제처럼 지내는 거야."

키릴이 그 이야기에 귀를 쫑긋했어요.

"난 그런 거 금시초문이야! 엄마에게 자세하게 물어봐야겠다. 그럼 이렇게도 되겠네? 적하고 의형제를 맺으면 적이 친구가 되는 거잖아."

다우트의 인상이 갑자기 어두워졌어요.

"나는 그 보브로프라는 녀석과 절대 의형제 같은 건 안 될 거야!"

"나도."

키릴이 맞장구를 쳤어요.

두 사람이 이야기에 빠져 학교에 도착했을 무렵 정문에서 보브로프와 딱 마주쳤어요. 보브로프는 몸을 홱 돌리면서 둘을 못 본 척했어요. 키릴은 모른 척할 수 없기도 하고 골려 주고 싶기도 해서 아는 척을 했어요.

"어이, 보브로프. 안녕!"

보브로프는 알아들을 수 없을 정도로 웅얼거리며 지나갔어요.

모권제

　현대에는 남자와 여자가 동등한 권리와 의무를 지니는 사회가 많아요. 하지만 권력은 남자가 쥐고 있는 경우가 대부분이죠. 그런데 고대에는 이와 반대로 여자가 권력을 지닌 사회가 있었다고 주장하는 학자들도 있어요. 이런 사회 질서를 '모권제'라고 해요.

　그리스 신화에 아마존이라는 여전사의 나라가 나와요. 아마존은 모든 것을 여자가 지배하는 나라랍니다. 이 나라를 세운 리시파는 집안일은 모두 남자가 해야 하며, 전쟁을 하고 나라를 다스리는 일은 여자만 할 수 있다고 정했어요. 그래서 사내아이가 태어나면 무조건 불구로 만들었어요. 전투에 참가하거나 심지어 여행을 할 기회도 주지 않기 위해서였어요. **여자 아이는 태어나면서부터 승마, 활이나 검 같은 무기들을 다루는 법을 배웠어요.**

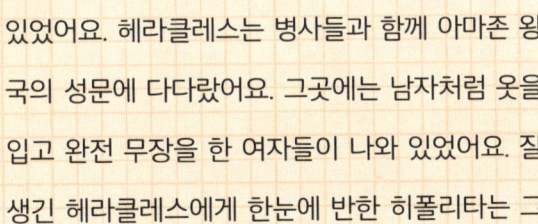

　고대 그리스의 영웅인 헤라클레스의 '열두 가지 과제'에는 아마존족의 여왕인 히폴리타의 허리띠를 빼앗는 것도 있었어요. 헤라클레스는 병사들과 함께 아마존 왕국의 성문에 다다랐어요. 그곳에는 남자처럼 옷을 입고 완전 무장을 한 여자들이 나와 있었어요. 잘생긴 헤라클레스에게 한눈에 반한 히폴리타는 그

에게 허리띠를 선물하려고 했어요. 그런데 한 여전사가 헤라클레스가 자신들을 속이고 있다고 외쳤어요. 그리고 맞서 싸우자고 소리를 쳤죠. 가장 용맹스럽고 민첩한 여전사들이 헤라클레스에게 덤벼들었지만 적수가 되지 않았어요. 그녀들은 히폴리타가 그에게 패배하는 것을 보고 그길로 도망을 쳤어요. 결국 전설의 여자들의 왕국은 멸망을 하게 되었죠.

   고대 독일인들은 여자가 신성한 지식을 알고 있다고 여겼어요. 그래서 문제가 생기면 여자들에게 상담을 했어요. 마치 여자들의 의견이 신탁인 것처럼 숭배했어요. 그리고 여자를 살아 있는 여신으로 경배하기까지 했죠. 독일의 어떤 종족은 여사제가 다스리기도 했어요. 인류의 역사를 통틀어 어느 민족이나 남신과 여신, 남자 황제와 여자 황제, 남자 사제와 여자 사제가 모두 존재했어요. 하지만 어떤 분야에서 남자보다 여자를 더 선호했는지, 어떤 사회에서 여자가 남자보다 더 사회적 지위가 높았는지 답할 만한 구체적인 자료는 없어요. 현대의 역사학자들과 인류학자들은 고대로부터 전해지는 전설 속에 존재했던 것 같은 모권제 사회가 인류 역사에 과연 실제로 존재했는지 의심의 눈길을 보내고 있어요.

의형제가 형제보다 낫다?

사람은 형제를 직접 고를 수 없어요. 한 부모에게서 태어나니까요. 하지만 형제들이 남처럼 지내거나 아옹다옹하며 남보다 못한 사이가 되기도 해요. 그런데 친한 친구들이 형제의 결의를 하기도 해요. 의형제를 맺는 거죠. 이런 결의는 핏줄보다 더 진할 수 있어요. 마음으로 맺어진 형제이기 때문이에요.

의형제가 되는 의식은 전 세계에서 찾아볼 수 있어요. 고대 러시아의 영웅 서사시들은 일리야 무로메츠와 도브리냐 니키티치가 맺은 의형제에 대해서 노래하고 있어요. 고대 러시아에서 의형제를 맺으려면 십자가 목걸이를 교환하고 맹세를 했어요. 명예로운 결투를 한 후에 의형제를 맺기도 했죠. 길고 힘든 원정을 떠나기 전에 의형제를 맺는 사람도 많았어요.

켈트족의 경우 청년들은 함께 공적을 세운 후 의형제가 되었어요. 스키타이의 젊은이들은 자신의 피를 흘려 넣은 포도주를 마시며 의형제 결의를 맺었어요. 오스트레일리아 남부에도 의형제 의식과 비슷한 의식이 있었어요. 적대적인 두 부족에서 비슷한 시기에 태어난 두 소년의 부모가 소년의 탯줄의 일부를 교환하면 평화가 찾아왔어요. 두 소년은 의형제와 비슷한 관계를 맺게 된 거죠.

아일랜드의 서사시에 나오는 유명한 영웅들인 쿠쿨린과 페르디아드도 의형제였어요. 그들은 함께 자라고, 함께 군사 교육을 받고, 전투에도 함께 나갔어요. 그러다 운명의 장난으로 적대적인 관계에 있는 진영으로 갈라지게 되었어요. 페르디아드의 주군이었던 여왕 메드브는 페르디아드에게 쿠쿨린과 결투를 하도록 명령해요. 페르디아드는 쿠쿨린이 자신의 의형제라며 그 명령을 따르지 않으려 했어요. 여왕은 온갖 부를 약속했지만 그 무엇도 페르디아드의 마음을 돌릴 수 없었어요. 마침내 여왕은 간교한 계략으로 페르디아드로부터 쿠쿨린과 싸우겠다는 약속을 받아 냈어요. 어쩔 수 없이 싸우겠다는 약속을 하고 만 페르디아드는 의형제와 결투를 하게 되었어요. 두 사람은 사흘 동안 대등하게 싸웠어요. 밤이면 그들에게 날라 준 약과 음식을 똑같이 나누었어요. 그러다가 나흗날 쿠쿨린이 페르디아드에게 치명적인 상처를 입히고 말았어요. 쿠쿨린은 오랫동안 목 놓아 울었다고 전해져요.

키릴의 엄마와 엄마의 남자 친구?

　다우트는 이제 심심하면 7층에 사는 키릴에게 놀러 갔어요. 대가족이다 보니 키릴과 함께 숙제를 하는 편이 훨씬 편했어요. 집에서는 걸핏하면 동생들이 귀찮게 하고 고모나 할머니가 가게나 우체국으로 심부름을 보내거든요.

　다우트는 키릴의 집이 약간 이상하긴 했지만 무척 좋았어요. 키릴의 집에는 외국에서 가져온 자질구레한 물건들이 가득했어요. 벽은 책장들로 채워져 있고 책상에는 책이 수북하게 쌓여 있어요. 컴퓨터가 두 대나 되는데, 정작 바닥은 카펫이 없이 맨 바닥이었어요. 집 안에서는 신발을 벗는 게 익숙했던 다우트는 키릴이 이렇게 말했을 때 정말 놀랐어요.

　"신발은 벗지 마!"

　그래도 다우트는 여전히 구두를 벗어요. 집에서 늘 그렇게 하거든요. 키릴의 집에 가면 항상 뉴라 할머니가 두 사람을 맞아 줘요. 할머니는 다우트의 할머니와 무척 비슷했어요. 차이점이라면 검은색이 아니라 흰색 숄을 두르고 검은 원피스 대신 물방울 무늬 원피스를 입고 있는 것뿐이었어요. 아참, 또 한 가지가 있어요. 뉴라 할머니는 무척 명랑하고 재미있는 분이에요. 알고 보니 뉴라 할머니는 키릴의 친할머니가 아니라 집안일을 도와주는 분이었어요. 하지만 워낙 오랫동안 키릴의 집안일을 도와주었기 때문에 한 가족처럼 여기게 되었어요.

다우트는 친구의 집에 잔뜩 꽂혀 있는 책을 본 순간 키릴이 왜 만물박사인지 알 것 같았어요.

"너는 엄마가 학자라고 늘 말하잖아. 그런데 뭘 연구하셔? 물리학? 아니면 생물학?"

다우트가 호기심을 참지 못하고 물었어요.

"우리 엄마는 인류학자야. 그런데 한 가지 주제보다는 다양한 문제를 연구하는 편을 더 좋아하셔. 얼마 전만 해도 가족제도에 대해서 연

구를 하셨는데, 지금은 사회학이 끌리신대. 엄마가 집에 오시면 직접 여쭤 봐."

다우트가 키릴의 집에 드나든 지 벌써 한 달이 되었어요. 하지만 지금까지 키릴의 엄마를 한 번도 보지 못했어요. 다우트의 궁금증은 점점 더 커져만 갔답니다. 그런데 마침내 키릴의 엄마를 만나게 되었어요. 키는 보통이고 머리는 곱슬머리였어요. 키가 큰 남자의 손을 꼭 붙잡고 있었는데 그 남자는 레게 머리에 한쪽 귀에는 귀걸이까지 하고 있었어요!

"마침내 만났구나. 네가 다우트지? 키릴에게 귀가 닳도록 네 얘기를 들었단다. 다우트! 잘 왔어! 우리 자기소개부터 할까? 나는 마리나 알렉세예브나라고 해. 마리나라고 불러도 돼. 마리나 아줌마는 사양할게. 아줌마는 싫어! 그리고 이 사람은 필이야."

키릴의 엄마는 그렇게 말하면서 귀걸이를 한 남자를 꼭 안았어요. 다우트는 도무지 눈을 어디에 둬야 할지 알 수 없었어요! 뭐 이런 가족이 다 있담! 그런데 키릴은 눈 하나 깜짝하지 않는 거예요. 그것만이 아니었어요. 마리나는 자신의 행동에 다우트가 얼마나 당황하고 있는지도 전혀 모르는 것 같았어요.

그때 복도에서 뉴라 할머니의 발소리가 들렸어요.

"지금 보르스치(고기와 야채를 넣은 러시아의 대표 수프)를 끓였어! 어서 와서 먹어!"

모두 식탁으로 우르르 몰려갔어요. 사람이 많아서 좀 비좁았어요. 하지만 어떻게든 끼어 앉을 수 있었어요. 필이라는 사람은 저녁을 먹

는 내내 마리나의 어깨에 팔을 두르고 있었어요.

보르스치와 커틀릿을 다 먹은 후 마리나와 필은 커다란 탁자에 무슨 사진들을 펼쳐 놓기 시작했고, 키릴은 숙제를 하기 위해 다우트와 함께 방으로 갔어요. 하지만 공책을 펼치기도 전에 키릴이 말을 시작했어요.

"전에도 엄마는 다른 남자 친구가 있었어. 그런데 난 필 아저씨가 더 좋아. 아저씨는 음악가여서 온갖 악기를 다 연주할 수 있어. 덕분에 엄마도 많은 도움을 받아. 엄마와 탐사 여행도 함께 가시는데, 어떨 때는 연구원으로 가시고, 어떨 때는 요리사로 가시기도 해. 엄마는 필 아저씨와 결혼해도 괜찮은지 물어보셨어. 나는 괜찮아."

"말도 안 돼! 엄마가 네게 누구랑 결혼해도 되냐고 물어보셨다는 말이야?"

"물어보신 게 아니라 의논을 하신 거야. 필 아저씨가 청혼을 하셨는데, 엄마는 망설여진대. 우리는 너희 집처럼 이런 문제를 상의할 가족회의도 없잖아. 모두가 어려워하면서 존경하는 할아버지도 안 계시고……."

다우트가 그날 늦게 집으로 돌아가자 아빠가 다우트를 불렀어요. 그리고 엄하게 꾸짖었어요.

"도대체 너는 왜 매일 그 집에 가는 거냐? 저녁도 거기서 먹었니? 그건 예의 바른 행동이 아니야."

"우리는 사이좋은 친구인걸요. 숙제도 함께 하고요. 저는 거기서 누구도 방해하지 않아요. 그 집에는 키릴과 뉴라 할머니밖에 안 계시거

든요."

"아니야, 그래서는 안 돼. 내일이 토요일이지? 그렇다면 네 친구를 우리 집으로 초대해라. 같이 저녁을 먹자꾸나."

정혼(定婚)

유럽과 미국에서는 누구나 성인이 되면 결혼을 할 수 있어요. 하지만 언제나 어디서나 그랬던 건 아니에요. 셰익스피어가 쓴 『로미오와 줄리엣』을 모두 알고 있죠? 이탈리아의 베로나라는 도시에서 오랜 세월 원수로 지내 온 두 집안의 아들과 딸인 로미오와 줄리엣이 서로 사랑에 빠지고 만다는 이야기잖아요. 두 집안이 원수로 지낸 지 너무 오래되다 보니 애초에 왜 그렇게 되었는지 이유를 아는 사람조차 아무도 없어요. 하지만 가족과 친척들은 두 집안이 사돈이 된다는 생각은 도저히 용납할 수 없었어요. 결국 사랑에 빠진 연인이 죽으면서 이야기는 끝이 나요. 두 사람의 무덤 위에서 비로소 두 집안은 화해를 하게 되죠.

오랜 시간 동안 수많은 나라에서 부모가 자식들의 결혼을 정했어요. 물론 당사자의 희망 사항을 고려한 경우도 있었어요. 하지만 신랑과 신부가 결혼식 당일 처음 만나는 경우가 대부분이었어요.

아랍 국가들은 이런 풍습을 지금까지 지켜오고 있어요. 가령, 아프가니스탄에서는 현행법에 따라 지금도 여자는 본인의 의사와 상관없이 시집을 가요.

타지크족, 야쿠트족, 카자흐족을 비롯한 여러 민족에도 혼인을 미리 정하는 풍습이 있었어요. 아이가 태어난 직후 혹은 태어나기도 전부터 사돈이 되

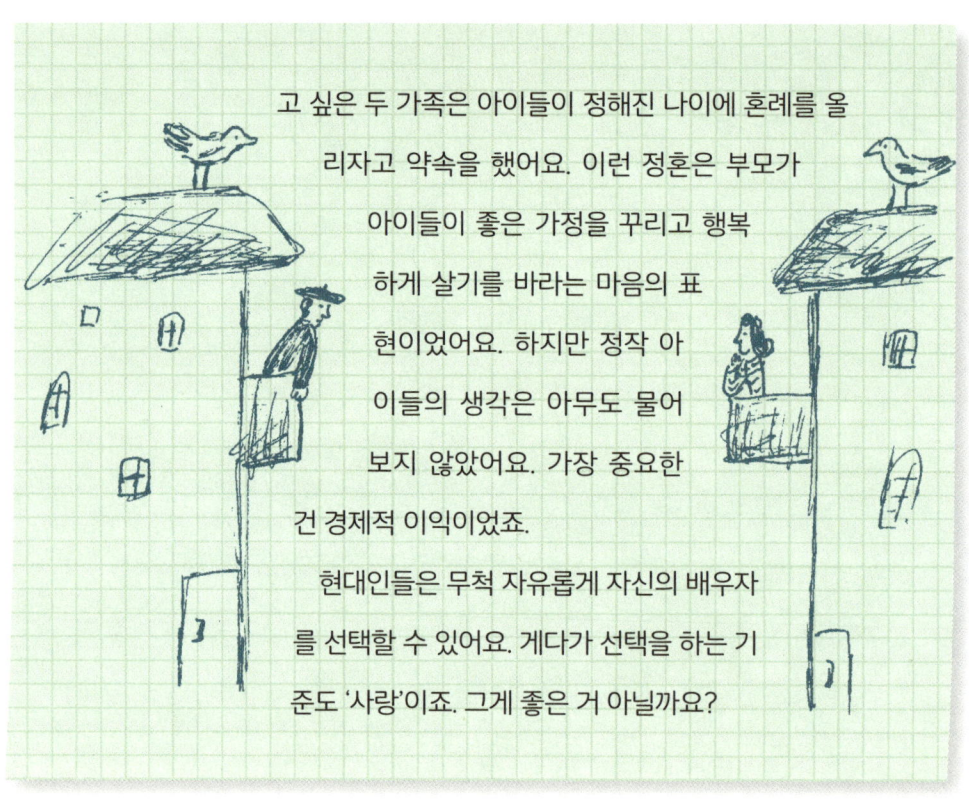

고 싶은 두 가족은 아이들이 정해진 나이에 혼례를 올리자고 약속을 했어요. 이런 정혼은 부모가 아이들이 좋은 가정을 꾸리고 행복하게 살기를 바라는 마음의 표현이었어요. 하지만 정작 아이들의 생각은 아무도 물어보지 않았어요. 가장 중요한 건 경제적 이익이었죠.

현대인들은 무척 자유롭게 자신의 배우자를 선택할 수 있어요. 게다가 선택을 하는 기준도 '사랑'이죠. 그게 좋은 거 아닐까요?

다우트의 초대

다우트는 두말없이 키릴에게 곧장 전화를 했고, 키릴은 다음 날 다우트의 집에 가겠다고 약속을 했어요.

이튿날 키릴은 다우트의 현관문 앞에 섰어요. 키릴은 현관문 너머에서 무슨 일이 일어나고 있는지 짐작조차 할 수 없었어요. 가족들은 키릴을 맞이하기 위한 마지막 준비에 여념이 없었어요. 온 가족이 모였어요. 다우트의 엄마는 그날 당직 근무였는데 다른 날로 미루기까지 했어요.

키릴이 초인종을 눌렀어요. 할아버지가 의자에서 일어나서 귀한 손님을 맞으러 나왔어요. 문이 열리자 키가 큰 예쁜 여자가 서 있었어요. 바로 다우트의 고모인 아이다였어요. 복도에는 다우트의 일가족이 죽 늘어서 있었어요. 제일 앞이 할아버지였고 그 뒤로 일가족이 서 있었죠.

가족들의 소개가 끝나자 키릴은 방으로 안내되어 식탁에 앉았어요. 키릴은 놀라서 입을 다물 수가 없었어요. 다우트는 저녁이나 같이 하자고 했을 뿐인데, 온 가족이 이렇게 정중하게 자신을 맞아 주었으니까요. 키릴은 명예로운 자리에도 앉았어요. 할아버지의 오른쪽 옆자리였어요. 방 안을 가득 채우고 있는 커다란 식탁의 상석이었던 거죠. 다우트의 엄마를 도와 여자들이 식탁을 차리기 시작했어요. 아이다 고모는 말린 고기 요리를 내왔어요. 키릴 바로 앞에는 매콤한 '아지카' 소스가 작은 그릇에 담겨 놓여졌어요. 잔마다 포도주를 가득 채웠어요. 다우트의 어린 동생들의 잔에도 포도주를 아주 약간 따랐는데 물을 많이 탔어요. 할아버지가 잔을 들고 일어나 말했어요.

"우리 집에 손자의 친구를 초대하게 되어서 무척 기쁩니다."

저녁 먹는 내내 키릴은 여행에 대한 질문을 받았어요. 엄마를 따라 먼 외국으로 탐사 여행을 다닌다는 이야기를 다우트가 미리 가족들에게 했거든요. 식구들은 너나 할 것 없이 키릴을 압하지야로 초대했어요. 키릴은 지금처럼 어른이 된 듯한 대접을 받은 적이 한 번도 없었어요. 전에도 친구들의 집에 자주 놀러 가서 어른들과 함께 밥을 먹었어요. 친구들의 부모님은 대부분 키릴에게 잘해 주었어요. 하지만 지금처럼 정중한 대접을 받기는 처음이었어요.

키릴은 친구의 집에서 받은 이런 대접이 무척 마음에 들었어요. 그런데 며칠 후 정말 놀랄 일이 벌어졌어요. 월요일 아침에 두 친구는 버스 정류장에서 만났어요. 그런데 다우트가 불쑥 이런 말을 하는 거예요.

"아이다 고모가 납치를 당했어!"

키릴은 순간 할 말을 잃고 말았어요. 간신히 목소리가 나오게 되자 질문을 마구 퍼부었어요.

"어쩌다가? 왜? 누가 그런 짓을 한 거야? 경찰에 신고는 했어?"

그런데 다우트는 빙그레 웃는 게 아니겠어요.

"진정해. 어떻게 된 건지 얘기해 줄게. 고모는 약혼자가 보쌈을 해 간 거야. 결혼을 할 예정이었거든. 아이다 고모의 약혼자, 그러니까 자우르 아저씨도 고향 사람이야. 원래 겨울에 모두 휴가를 받으면 압하지야로 가서 결혼하기로 되어 있었거든. 그런데 아이다 고모는 더 일찍 결혼을 하고 싶어 했어. 할아버지는 반대하셨고. 그래서 어제 자우르 아저씨가 고모를 보쌈해 간 거야. 너는 보쌈에 대해서 한 번도 못 들어 봤니?"

"그러고 보니 어디서 들어 본 것 같아. 하지만 지금까지도 그런 풍습이 남아 있는 줄은 몰랐어. 하물며 모스크바에서 그런 일이 벌어지다니, 충격이야. 어떻게 된 거야? 아무도 몰랐던 거야? 좀 더 자세하게 얘기해 봐."

"솔직히 말하면 난 알고 있었어. 두 분을 도와주기까지 한걸. 자우르 아저씨가 오셨을 때 아이다 고모에게 알려 줬지. 이렇게 된 거야. 집에 아무도 없을 때 두 사람이 전화로 모든 계획을 짠 거야. 어제 자우르 아저씨가 차를 타고 와서 집 근처에 세워 뒀어. 그리고 창문에서 보이는 가게로 간 거야. 나는 그 순간에 우연인 척 창가에 서 있었지. 아저씨를 본 순간 아이다 고모에게 이야기를 했어. 고모는 가게에 물

건 사러 간다고 하고서는 아저씨 차를 타고 도망을 쳤어."

"할아버지가 찾으시면 어떻게 해? 금세 찾을 수 있잖아. 자우르 아저씨가 어디 사는지 아실 테니까."

"물론 아시지. 하지만 그러지 않으실 거야. 어제 할아버지가 그러셨는데, 보쌈은 압하지야의 오래된 풍습이래. 압하지야뿐만 아니라 북카프카스에 사는 다른 민족들도 이런 풍습이 있다고 하셨어. 약혼녀를 보쌈 해 가는 일은 진짜로 몰래 데려가는 거지만 실은 그런 척하는 거야. 진짜로 신부를 납치하는 일은 무척 드물어. 그러면 가족들과 나중에 연락을 할 수도 없어. 하지만 신부의 동의를 얻어서 납치를 하는 건 그런 시늉만 내는 거야. 옛날에는 지금과 조금 달랐대. 자동차도 없고 시대가 다르니까……. 우리 할아버지도 이웃 마을에서 할머니를 보쌈 하셨대. 우물가에서 할머니를 말에 태워서 집으로 데려오셨는데 미리 그렇게 하기로 약속을 하셨다는 거야!"

"와우, 대단해. 네 이야기는 책에서 본 그대로야. 내 생각에는 정말 낭만적인 것 같아. 뉴라 할머니가 그러시는데, 할머니는 부모님이 남편을 직접 골라 주셨대. 그러니까 정혼이었던 거지. 할머니는 신랑을 처음 보고 너무 놀라셨대. 그 이야기를 할 때면 지금도 깔깔 웃으셔. 신랑은 수염이 덥수룩하게 난 나이가 훨씬 많은 남자였다는 거야. 할머니는 처음에는 신세 한탄을 하며 늘 눈물을 흘렸지만 결국 남편을 사랑하게 되셨어. 그래서 딸들의 신랑감을 직접 정해 주지 못한 걸 무척 섭섭해 하시지. 사위 한 명은 알고 보니 술주정뱅이였고 다른

사위는 무척 무례한 사람이었던 거야. 할머니는 딸들과 살기 싫어서 우리 집에서 지내시는 시간이 많아. 그러고 보면 부모가 배우자를 정해 주는 일이 꼭 나쁜 것만은 아닌가 봐. 하지만 난 내 신부는 무슨 일이 있어도 내가 고르고 싶어."

키릴이 갑자기 생각난 듯 물었어요.

"결혼식은 어떻게 해? 두 분끼리만 할 수 있어?"

그러자 다우트가 잠시 생각에 잠겼어요.

"아마 결혼식은 압하지야에서 할 거야. 그런데 문제가 있어. 우리는 거기에서 전쟁이 터지는 바람에 이쪽으로 피난을 왔거든. 우리 아빠가 전쟁을 하면 안 된다고 사람들에게 말했는데, 그러다 보니 윗사람하고 싸움까지 난 거야. 그런데 그 윗사람이 자우르 아저씨의 삼촌이야. 그래서 아빠가 가실지 안 가실지 잘 모르겠어. 할아버지는 꼭 가시겠지만 아빠는 잘 모르겠어. 아마 가실 거야. 안 그러면 가문의 명예에 엄청난 먹칠을 하게 되는 거니까."

신부의 몸값은 얼마?

성경에 이런 이야기가 나와요. 히브리 족장인 아브라함의 손자 야곱이 사막을 방랑하다가 우물가에서 물병을 안고 있는 아리따운 처녀와 마주쳤어요. 그 처녀는 라헬이라고 했죠. 야곱은 첫눈에 그녀에게 반했어요. 그래서 당장 라헬의 집으로 가서 그녀의 아버지에게 딸과 결혼하고 싶다고 말했어요. 야곱의 아버지 이삭과 친척이었던 처녀의 아버지는 흔쾌히 청혼을 받아들였어요. 하지만 한 가지 조건을 내걸었어요. 야곱이 7년 동안 자신의 집에서 일을 해 주면 라헬을 주겠다고 한 거예요. **야곱은 7년 동안 미래의 장인의 가축들을 돌보았어요. 마침내 결혼식 날이 되었어요. 그런데 장인은 신부를 바꿔치기하고 말았어요.** 아름다운 라헬 대신 언니인 레아를 신부로 보낸 거예요. 레아는 예쁘지도 않은 데다가 눈도 잘 보이지 않았어요. 이튿날 신부가 바뀐 것을 안 야곱은 교활한 장인을 찾아가 노발대발했어요. 그러자 장인은 둘째인 라헬도 신부로 주겠다고 약속을 했어요. 하지만 이번에도 목동으로 7년 동안 일을 해야 한다고 했어요. 야곱은 라헬을 너무나 사랑했기 때문에 그 조건을 받아들였어요. 그래서 야곱은 아내가 둘이 되었고 자식도 무척 많이 낳았어요. 몇몇 아들은 아내들의 시녀들과의 사이에서 태어났어요. 두 사람의 합의하에서 말이에요. 당시에는 그런 행동을 나쁘게 여기지 않았어요. 오히려 자식이 많이 태어나면 신의 선물로 여겼죠.

이런 '일부다처제'는 고대 유대인 사회뿐 아니라 북극 근처에 사는 소수민족에게서도 최근까지 목격할 수 있었어요. 이슬람 국가에서는 지금도 시행되고 있어요. 물론 아내를 넷이나 얻으려면 부자여야만 해요. 왜냐하면 이런 국가에서는 신부를 얻기 위해 신부의 부모에게 큰돈을 지불하기 때문이에요. 한마디로 신부의 몸값을 주는 거예요.

이 돈은 딸을 데려가는 대신 금전으로 보상해 주는 거예요. 이런 풍습은 지금도 여러 나라에 남아 있어요.

신부의 몸값은 시대와 나라에 따라 달랐는데, 특히 신부와 신랑 부모의 사회적 지위에 따라 달랐어요. 전통적으로 신부의 몸값을 가축으로 지불하는 풍습이 여러 나라에 있었어요. 고대 러시아인은 소 두 마리를 주었고, 타타르족은 말 두 마리를 주었어요. 아프리카에서는 신부의 몸값을 주지 않고 그냥 데려오면 나중에 아이가 태어나도 친가가 아니라 외가의 식구로만 생각해요. 처가에 줘야 할 돈이 너무 커서 신랑이 도저히 지불할 수 없으면 신부를 납치하기도 했어요. 신부도 빈손으로 시집을 가지는 않았어요. 신부의 부모는 딸에게 혼수를 마련해 주었는데, 무척 과한 경우가 많았어요. 여러 나라에서 혼수의 규모는 신랑이 가져오는 지참금의 액수에 따라 달라져요. 러시아 농가에서는 딸을 시집보내기 전까지 '결혼함'에 물건을 가득 채우는 풍습이 있었어요. 직접 짠 수건, 속옷, 장신구 등으로 말이에요. 상류사회에서는 딸을 시집보낼 때 영지나 마을 등을 주었어요. 러시아의 작가인 알렉산

드르 푸슈킨은 나탈리야 니콜라예브나 곤차로바와 결혼하면서 '폴로느냐느 이 자보드'라는 영지를 받았어요.

　이런 풍습의 좋은 점은 양가 부모나 친척들이 신혼부부가 자신의 집에서 넉넉하게 살 수 있도록 든든한 선물을 한다는 것입니다. 하지만 무엇보다 젊은 사람들이 경제적 이유보다 상대에 대한 사랑으로 배우자를 선택하는 편이 훨씬 더 좋겠죠.

가족은 서로 돕는 관계

키릴이 다우트의 가족과 알게 된 후부터 다우트는 키릴의 집에 놀러 가도 아빠에게 잔소리를 듣지 않았어요. 키릴과 다우트가 키릴의 집에서 함께 보내는 시간이 더 많아졌어요. 함께 숙제를 하고 컴퓨터도 하고 수다도 떨었어요. 누구의 방해도 간섭도 받지 않아 좋았어요. 가끔 마리나와 필이 방에 들르기는 했지만. 한번은 좁은 부엌에 키릴의 식구와 다우트가 있었어요. 그런데 마리나가 뜬금없이 이렇게 말하는 거예요.

"아기가 올 거야!"

키릴은 이따가 꼬마 손님이 온다는 말이라고 생각했어요.

"아기가 태어난다고."

필이 속삭이듯 말했어요.

그제야 키릴과 다우트는 마리나가 임신을 했다는 말이라는 것을 퍼

뜩 깨달았어요. 다우트는 얼굴이 새빨개졌어요. 그런 이야기를 이런 상황에서 해도 되는지 알 수가 없었어요. 그래서 모두를 이렇게 불편하게 만든 키릴의 엄마에게 짜증이 났어요.

"아이코, 하느님! 마리나, 이제 정말 제대로 결혼을 하겠구먼."

뉴라 할머니가 반색을 하며 말했어요. 그때 필이 얼굴을 붉혔어요. 다우트는 어찌할 바를 몰랐어요. 다우트는 필 아저씨가 마리나 아줌마보다 연하인 데다 결혼할 생각이 없는 것 같다고 생각하고 있었어요. 그러면 마리나 아줌마는 또 혼자서 아이를 키워야 할까요?

바로 그때 마리나가 말했어요.

"결혼은 서두르지 않기로 했어요. 필, 날 불쌍한 아이 보듯 하지 말아. 내가 임신을 했다고 해서 우리가 당장 결혼을 해야 하는 건 아니잖아."

"그럼 남편도 없이 혼자서 아이를 키우겠다는 거야?"

뉴라 할머니는 마리나의 말에 발끈 화를 냈어요.

그러자 필이 단호하게 말했어요.

"왜 혼자죠? 저는 아무 데로도 도망치지 않을 겁니다. 다만 지금은 마리나가 재혼할 생각이 없으니……. 결혼을 하든 안 하든 태어날 아기의 아빠는 바로 접니다."

"정말 기쁜 소식이네요! 전 너무 좋아요, 엄마! 이제 엄마도 아기를 키우려면 집에 계셔야겠네요. 제가 아기를 산책시켜 줄게요!"

혼자서 신이 난 키릴이 말했어요. 동생을 산책시켜 줄 생각에 마냥 좋은가 봐요.

"이봐요, 다들 내 의견은 물어보지도 않을 거예요? 키릴, 네 말대로 나는 당분간 집에서 시간을 많이 보내게 될 거야. 박사 논문도 완성해야 하고 할 일이 산더미 같거든."

마리나는 웃음을 터트리며 말을 이었어요.

"그러니까 여러분이 도와주지 않으면 나는 아무것도 할 수 없어요. 필, 키릴, 뉴라 할머니! 아기가 태어나면 많이 도와줘야 해요."

"그럼 내가 산책을 시킬게. 유모차에 태워서 공원에 가야겠다. 얼마나 좋을까!"

뉴라 할머니가 활짝 웃으며 말했어요.

"좋아요, 그러면 제가 보르스치를 끓일게요. 맛있는 보르스치 끓이는 방법을 가르쳐 주실 거죠, 뉴라 할머니?"

필이 빙그레 웃으며 말했어요.

그때였어요. 언제나 쾌활한 뉴라 할머니가 갑자기 버럭 화를 냈어요.

"흥! 끓이긴 뭘 끓여! 마리나 바지도 다리지그래? 아예 아기에게 젖도 물리시려우?"

필이 눈썹을 찌푸리며 고개를 숙였어요. 왠지 공기 중에 불꽃이 팍팍 튀는 것 같았어요.

"뉴라 할머니! 왜 저를 못 잡아먹어 안달이세요! 마리나가 잘 못하는 일도 저는 잘해요. 수프 끓이고 세탁기에 빨래 집어넣는 일은 바보라도 할 수 있다고요!"

필이 발끈 화를 냈어요. 그러자 이번에는 뉴라 할머니가 마음이 상했어요.

"뭘 얼마나 잘 만드는지 두고 보자고!"

마리나가 말리기 시작했어요.

"둘 다 그만해요. 지금 집에 손님이 와 있잖아요! 뉴라 할머니, 필도 요리 솜씨가 끝내줘요. 물론, 보르스치는 한 번도 끓여 보지 않았지만요. 보르스치는 아무렇게나 만들 수 있는 음식이 아니잖아요."

필은 그길로 집을 나가 버렸어요. 화가 잔뜩 난 것 같았어요. 뉴라 할머니도 계속 툴툴거렸어요. 하지만 키릴은 남동생이 태어나면 많은 것이 바뀌게 될 것 같다는 생각에 여념이 없었어요. 키릴은 왠지 앞으로 태어날 동생이 꼭 남자 아이일 것 같았어요.

다우트는 한시바삐 이곳에서 빠져나가고 싶었어요. 혼자서 차분하게 이 상황에 어떻게 반응해야 할지 고민해 보고 싶었거든요. 다우트의 가족이라면 도저히 꿈도 꾸지 못할 상황이었기 때문이에요.

바로 그때 마리나가 의미심장한 표정으로 질문을 했어요.

"얘들아, 너희들은 이제 다 컸지. 그러니까 한번 대답해 볼래? 가족이 뭐라고 생각하니?"

그러자 키릴이 냉큼 대답했어요.

"엄마, 제가 생각하는 가족은요 서로 사랑하는 사람들이에요. 다우트, 너도 그렇게 생각하지?"

"응, 나도 그래. 그게 가장 중요한 거야. 물론 가족이란 핏줄이 같고 함께 사는 사람들이라고 생각하지만 말이야."

다우트가 대답했어요.

"이론적으로는 너희 둘 다 맞아. 이 세상에는 무척 다양한 가족 형태가 존재하기 때문에 너희 대답을 합치면 정답이 될 거야. 사람은 누구나 나이가 차면 자신의 가족을 만들고 싶어 해. 너희도 앞으로 평생을 함께하고 싶은 사람을 만나게 될 거야. 그건 지극히 정상적인 일이지. 그러면 두 사람은 새로운 젊은 가족을 만드는 거야. 너희들도 결혼을 해서 아내와 함께 살고 아마 아이도 낳게 될 거야. 이때 너희가 여전히 부모님과 함께 살 수도 있어. 너희 배우자의 부모님과 함께 살지도 모르지. 하지만 두 사람이 가정을 꾸리면 분가를 할 거야. 이런 식으로 일반적으로 우리는 함께 사는 사람들을 가족이라고 부르는 거란다."

"엄마, 꼭 가족이 있어야 해요? 저는 가족이 없다는 게 그렇게 나쁜 것 같지 않아요."

"당연하지. 너는 지금 가족과 함께 살고 있으니까! 그러니까 너는 그렇게 생각하지. 네 나이에 가족이 없는 아이들이 있어. 고아나 부모님과 떨어져서 살아야 하는 아이들 말이야. 그런 아이들은 별로 행복하지 않을 거야. 너무나 외로울 테니까."

"하지만 아이들은 결혼을 할 수 없잖아요. 아무리 외롭다고 해도요."

다우트가 질문을 했어요.

"결혼을 하기도 해."

마리나는 알쏭달쏭한 대답을 했어요.

"그건 저도 알아요. 그런데 왜 나이가 차면 가족을 꾸려야 해요?"

키릴이 물었어요.

"원칙적으로 꼭 그래야 할 필요는 없어. 하지만 가족 없이 지내는 건 무척 힘든 일이야. 오죽하면 가족을 '신성한 동맹'이라고까지 하겠니. 가족 구성원들은 서로 돕는 관계를 바탕으로 해야 해. 가족은 널 있는 그대로의 모습으로 받아들여 주지. 어른이 되면 아이를 낳아서 자신의 핏줄이 계속 이어져 가도록 해. 그래서 어느 시대에나 어느 문화권에서나 가족은 존재했던 거야. 가족의 형태가 어떻든지 간에 가족은 가족이야. 가족이 세대를 넘어서 물려주는 건 재산이나 작위만이 아니야. 물론 경제적인 면에서는 그런 것도 중요하지. 가족은 저마다 전통, 가치 체계, 역사를 지니고 있어. 이런 것들은 오랜 세월을 거

쳐 부모가 자식에게 대대로 전해 준 거야. 두 명밖에 없는 가족이라도 자신들만의 세계가 있어서, 그 세계에서는 언제나 편안하고 행복하게 살 수 있는 거야. 아 참! 너희 둘, 이것 좀 볼래?"

마리나는 이렇게 말하며 갑자기 옆방으로 가 버렸어요. 아기를 가진 사람이라고는 도저히 생각되지 않았어요. 잠시 후 마리나는 두꺼운 잡지 한 권을 가져와 찻잔 사이에 던지듯 내려놓았어요.

"자, 여기를 좀 보렴! 여기에 네덜란드 의회가 동성애자들의 결혼을 전통적인 결혼과 동일시하겠다는 법안을 통과시켰다는 기사가 있어."

다우트는 숨이 턱 막히는 것 같았어요. 다우트도 남자들끼리 사귀기도 한다는 말을 들어 보기는 했어요. 하지만 이건 무척 나쁘고 부끄러운 짓이라고 배웠어요. 그런데 젊은 여자이자, 친구의 엄마이자, 곧 아기를 낳을 임신부가 그런 낯 뜨거운 말을 아무렇지도 않게 하다니 다우트는 이해가 되지 않았어요.

"그러니까 네덜란드에 가면 남자끼리나 여자끼리도 결혼을 할 수 있다는 말씀이세요? 그럼 다른 나라에서는 그러면 안 돼요?"

키릴이 아무렇지도 않은 듯 이렇게 물었어요.

"꼭 그런 건 아니야. 동성 결혼을 허용하는 나라는 더 있어. 덴마크, 노르웨이, 스웨덴, 아이슬란드가 그래. 그런데 네덜란드에서는 세계에서 최초로 동성 결혼을 전통적인 결혼과 동등하게 보고 입양도 허가해 주었어."

그러자 다우트가 도저히 참지 못하고 물었어요.

"어떻게 그럴 수가 있어요? 입양된 아이는 아빠만 둘이고 엄마가 없거나 엄마만 둘이고 아빠는 없는 건가요?"

"나는 그런 가족을 본 적이 있어. 재작년에 엄마랑 반 년 동안 미국에서 살았거든. 그때 거기 학교를 다녔는데, 어떤 남학생을 아빠가 학교에 데려다 주는 거야. 그런데 하루는 아빠가 인도 사람이고 또 하루는 이탈리아 사람이었어. 집에 데려가는 아빠는 항상 인도 아빠였어. 그 아저씨는 전업주부였거든. 다른 아빠는 영화감독이어서 영화를 만든대! 그 애는 입양아는 아니었어. 왜냐하면 이탈리아 아빠가 친아빠였거든. 친엄마가 집을 나갔는데, 나중에 인도 아빠가 집에 들어온 거야."

바로 그때였어요. 여전히 심통이 난 뉴라 할머니가 불쑥 부엌으로 들어와서 키릴의 엄마에게 야단을 쳤어요.

"아니, 애들에게 무슨 소리를 하는 거야? 이 아이들이 왜 그런 걸 알아야 해? 내가 젊었을 때만 해도 그런 것들이 있으면 몽땅 감옥에 처넣었다고!"

하지만 마리나는 빙그레 웃으며 침착하게 대답했어요.

"성경 시대에는 돌로 쳐 죽였고요. 저는 제 아들이 동성애자에게 돌을 던지는 사람이 되지 않았으면 하는 마음에서 이러는 거예요."

5장 가족은 서로 돕는 관계

그러자 뉴라 할머니는 혀를 끌끌 차며 말했어요.

"너무 똑똑해서 탈이라니까. 보고 있으면 가끔 할 말이 없어."

뉴라 할머니는 하얀 머릿수건 위에 하나를 더 감은 후 기다란 겉옷을 입고는 말도 없이 나가 버렸어요.

"이번에는 뉴라 할머니가 화가 나셨네. 넌 어때? 다우트. 너도 화가 났니?"

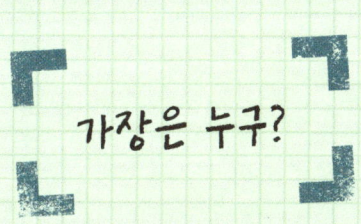
가장은 누구?

어떤 가족이든 구성원마다 해야 할 일이 정해져 있어요. 그중 언제나 여자의 몫인 일들이 있어요. 여자는 아이를 낳아서 키워야 하죠. 까마득한 옛날, 사람들이 아직 도구를 만들지 못했던 시절에는 농사를 짓거나 가축을 기를 수 없었어요. 사냥이나 채집으로 식량을 마련해야 했어요. 그런데 지금도 그런 생활 방식을 고수하는 부족들이 있어요. 오스트레일리아에 가면 그런 부족들을 지금도 볼 수 있다고 해요. 그런 부족의 가족은 다음과 같은 방식으로 식구들끼리 할 일을 분담해요. 여자는 버섯과 열매를 따고 온갖 식물을 구해 와요. 남자는 사냥과 낚시를 해요.

유목 민족은 여자도 남자와 똑같이 순록을 돌보고 대상 행렬을 꾸렸어요. 그러면서 식사 준비를 하고 아이들을 키우고 옷을 기웠어요. 여자들은 아궁이의 불씨를 지키고 살림까지 책임져야 했어요. 그래서 여자는 아궁이를 지키는 사람이라고 여기는 민족이 많아요.

러시아에서 16세기에 만들어진 『가훈』이라는 책에는 집안에서 지켜야 할 규칙과 교훈이 적혀 있어요. 식구들이 할 일도 나와 있는데, 집안일은 당연히 여자의 몫이었어요. 그런데 여자는 집안일에 밭일까지 해야 했어요. 어릴 때부터 가정에서 딸과 아들의 위치는 많이 달랐어요. 딸은 어린 동생들을 돌보

고 집안일을 도와야 했죠. 농가의 아들은 어릴 때부터 농사일을 배웠어요. 이런 구분은 무척 엄격하게 지켜졌어요. 남자와 여자가 하는 일은 엄격하게 구분되었어요. 가령, 남자는 절대 빵을 굽거나 옷을 빨면 안 되었어요. 중국에서는 러시아와 정반대로 남자만 요리를 했어요. 게다가 세탁도 남자의 일로 여겼어요.

20세기가 시작되면서 세계가 산업사회로 바뀌게 되자 남자들은 취직을 하고 집안일은 여자가 도맡게 되었어요. 독일에서는 여자의 일생을 '3K'라고 표현했다고 해요. 즉, 'Kinder', 'Kuche', 'Kirche'인데, '아이, 부엌, 교회'라는 뜻이에요.

지금은 가족 구성원의 의무에도 많은 변화가 생겼어요. 현대 도시 사회의 가정을 보면 엄마와 아빠가 맞벌이를 하는 경우가 많아요. 그래서 집안일도 공동으로 하게 되었죠. 무슨 일이든 엄마와 아빠가 함께 의논하고 결정해요.

요즘은 옛날과 반대로 엄마가 밖에서 일을 하고 아빠가 전업주부가 되어 집안일과 육아를 책임지는 가정도 볼 수 있어요.

결혼은 몇 살에 해야 하나?

통계를 살펴보면 유럽에서는 대략 스물여덟 살이 되면 결혼을 해요. 러시아는 좀 더 빨라서 스물네 살이 되면 결혼을 해요. 결혼을 하는 나이는 옛날과 비교해서 점점 늦어지고 있어요. 중세에는 여자는 열두 살만 되면 결혼을 할 수 있다고 여겼어요. 일곱 살에 시집을 가는 경우도 있었어요. 이렇게 어린 나이에 결혼을 하는 것을 '조혼'이라고 불러요. 동양에서는 여자 아이가 열 살이 되면 시집을 보내기 시작했어요. 결혼을 하고도 신랑과 신부가 각자의 부모님의 집에서 계속 지내는 경우도 드물지 않았어요. 나이가 더 차면 신랑과 신부는 비로소 함께 살기 시작했어요. 지금도 많은 이슬람 국가에 조혼 풍습이 남아 있어요.

현재 거의 전 세계에서 조혼이 법으로 금지되어 있어요. 하지만 비공식적으로 아이들을 조혼시키는 경우가 있어요. 인도에서는 힌두교 달력에 따라 조혼을 하기 좋은 길일을 정한 후 그날 비밀스럽게 예식을 올려요. 2005년 4월 21일은 그런 길일 중 하루였어요. 그날 차티스가르라는 작은 주에서 6천 쌍이나 되는 부부가 결혼을 했는데, 대부분이 어린 부부였다고 해요. 갓 세 살 된 아기가 그날의 가장 어린 신랑이었대요. 아마도 세계에서 가장 어린 신랑일 거예요. 거꾸로 가장 나이 많은 신랑과 신부는 1984년에 미국에서 결혼식을 올렸어요. 신랑은 백세 살이었고 신부는 여든네 살이었다고 해요.

　고대 유대인의 풍습에 따르면 열두 살이 넘도록 시집을 가지 않은 딸이 있다면 그 아버지는 노예들 중 한 명을 자유인으로 풀어 주어 딸과 결혼을 시켜야 했어요. 고대 그리스에서는 어떤 신부들은 너무 나이가 어려서 결혼식 당일 혼인과 출생의 수호자인 아르테미스 여신에게 제물을 바칠 때 제단에서 장난감을 태워야 했어요.

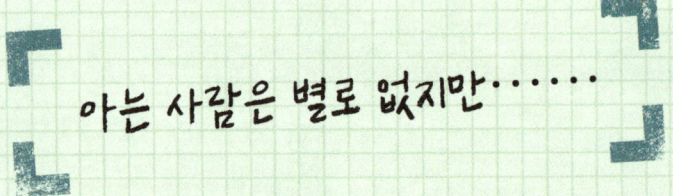
아는 사람은 별로 없지만……

　동성애의 역사는 어제오늘 시작된 것이 아니에요. 무척 드문 일이기는 하지만 동성의 결혼은 기억할 수조차 없는 옛날부터 여러 문화권이나 여러 민족에게서 존재해 왔어요. 아프리카의 아잔데족은 일부다처제를 허용했어요.

하지만 아내가 부족한 경우는 없었어요. 왜냐하면 열두 살에서 스무 살 사이의 소년을 '아내'로 들일 수 있었기 때문이에요. '남편'은 소년의 부모님을 대할 때 장인을 대하듯 깍듯하게 대해야 했어요. 만약 '소년 아내'가 다른 남자와 바람을 피우면 남편은 정절을 깼다며 즉시 보상을 요구할 수 있었어요. 소년 아내는 일반적으로 아내가 하는 집안일과 재산 관리를 했어요. 하지만 소년 아내가 커서 어엿한 남자가 되면 남편의 집을 나와서 전사가 되어 여자를 아내로 맞이해요. 물론 여자가 있을 경우에요. 만약 적당한 여자를 구하지 못하면 소년 아내를 구할 수밖에 없어요.

동성 간의 결혼이라고 해서 반드시 남자들만의 결혼을 말하는 건 아니에요. 아프리카의 난디 부족은 여자들끼리의 결혼도 인정해 주어요.

키릴에게 쌍둥이 여동생이 태어나다

어느덧 학년 말이 다가왔어요.

1년 내내 키릴과 다우트는 등하교도 함께 하고 같은 책상에 앉아 공부를 했어요. 방과 후에는 서로의 집을 오가며 숙제도 했죠. 물론 키릴의 집에서 보낸 시간이 훨씬 더 많았어요. 둘이 단짝 친구가 된 건 보지 않아도 알겠죠? 당연히 여름방학도 함께 보낼 계획을 벌써부터 짜기 시작했어요. 그런데 여름방학 계획을 세우자니 한 가지 문제가 있었어요. 여름이 한창일 때 키릴의 동생이 태어날 예정인 거예요. 키릴은 여름방학이면 엄마와 함께 인도든 아프리카든 흥미로운 곳으로 탐사 여행을 떠나는 걸 당연하게 여기고 있었거든요. 이번 여름에는 아무래도 여행을 단념해야 할까 봐요. 대신 아이다 고모가 다우트를 압하지야에 초대하면 꼭 함께 가기로 약속했어요.

즐거운 방학을 시작하기 위해 이제 마지막 관문을 통과해야 해요.

역사 시험을 잘 봐야 했죠. 둘은 키릴의 집 부엌에 모여서 공부를 시작했어요. 하지만 금세 지겨워졌고 어서 빨리 모든 것이 끝났으면 좋겠다는 생각밖에 들지 않았어요. 다우트는 로마노프 왕조의 차르를 순서대로 외우려고 했어요. 하지만 시작하자마자 '세 명의 표트르(표트르 대제, 표트르 2세, 표트르 3세)'와 두 명의 '예카테리나(예카테리나 1세, 예카테리나 대제)'가 헷갈리는 것 아니겠어요? 게다가 뒤로 가니 차르의 이름이 온통 '니콜라이' 아니면 '알렉산드르'인 거예요. 다우트는 차라리 시험을 포기하고 싶어졌어요.

"차르의 이름과 재위 기간을 커닝 페이퍼로 만드는 게 낫겠어! 정말 골치 아픈 게 뭔지 아니? 바로 여제들이야. 왜 그 사람들 이름엔 다 표도로브나가 들어가는 거야!"

그러자 키릴이 걱정할 필요 없다는 듯 설명을 해 주었어요.

"난 그 이유를 알아. 로마노프 왕조를 계승할 남자들이 모두 외국의 공주와 결혼을 했는데, 그 공주들은 공식적으로 러시아의 황후가 되기 전에 러시아 정교를 받아들이고 교회의 절차에 따른 특별한 결혼식을 올렸어. 이때 새로운 이름을 얻게 되는데, 전통적으로 '표도로프스카야'라는 이름을 많이 썼어. 그래서 안나 표도로브나나 마리아 표도로브나 같은 이름이 나온 거지."

"정말 재미있기는 해. 그런데 그걸 알아 봤자 황제와 여제들의 순서를 기억하는 데는 별 도움이 안 돼. 아무래도 커닝 페이퍼를 만들어야 할까 봐."

다우트가 잔뜩 풀이 죽어서 말했어요.

"그건 안 돼!"

키릴이 근처에 있던 잡지를 휙휙 넘기다가 고대 왕조에 관한 글을 우연히 찾았어요. 고대 이집트 왕조에 대한 글이었는데, 놀라운 이야기가 적혀 있었어요.

"이것 좀 봐. 이집트 왕조에 비하면 러시아는 새 발의 피야! 파라오들은 항상 여자 형제와 결혼을 해서 아이들을 낳았는데, 그럼 그 아이들은 서로 형제이자 사촌인 복잡한 관계가 됐다는 거야. 그리고 다시 그 아이들끼리 결혼을 했대. 엄마는 그렇게 근친결혼을 하면 기형아를 낳을 수 있다고 하셨어!"

그때였어요. 다우트가 눈을 반짝거리며 말했어요.

"가만. 너는 툭하면 알랴를 칭찬하잖아. 알랴는 너랑 남매도 뭐도 아니니까 결혼을 할 수 있다는 거야?"

그 말에 키릴이 웃음을 터트렸어요.

"맞아! 그 애는 정말 최고야! 만약 꼭 결혼을 해야 한다면 알랴와 하지 뭐! 아무리 봐도 친척은 아니니까. 하지만 내 생각에는 네가 결혼하는 편이 더 좋을 것 같아. 너는 같은 사람을 아빠라고 부르지 않아도 되잖아."

다우트는 키릴의 농담에도 웃음이 나오지 않았어요. 그렇게 중요한 일을 어떻게 웃음거리로 만들 수 있는지 도무지 이해할 수 없었어요. 그래서 그냥 할아버지가 하셨을 법한 말로 의젓하게 대꾸를 했어요.

"물론이지, 키릴. 나는 너와 친척이 되고 싶은데, 부모님이 뭐라고 하실지 모르겠다."

잡담을 마친 두 사람은 로마노프 왕조에 대해서 다시 공부하기 시작했어요.

키릴과 다우트는 무사히 시험을 보고 좋은 성적을 거두었어요. 다우트는 만점을 받았고, 키릴은 90점을 받았지만 무척 만족했답니다.

어느 날 저녁 아파트 입구에서 마리나는 다우트의 엄마인 파티마와 마주쳤어요. 마리나는 다우트가 성적이 좋다며 축하를 했어요. 올해에 다우트는 만점만 받았거든요!

"조촐하게 축하 파티라도 열면 어때요?"

마리나가 제안을 했어요. 파티마도 좋은 생각이라고 맞장구를 쳤죠.

하지만 한 학년을 무사히 끝낸 걸 기념하는 파티는 결국 열리지 못했어요. 갑자기 마리나의 몸 상태가 나빠진 거예요. 키릴은 급히 다우트에게 전화를 해 다우트의 엄마에게 도움을 청했어요. 파티마가 급히 달려와서 마리나의 상태를 살펴본 후 병원으로 가야 한다고 했어요. 그 말을 듣고 마리나는 덜컥 겁이 났어요. 왜냐하면 아직 아기가 나오려면 예정일이 많이 남았거든요. 설상가상으로 필은 상트페테르

6장 키릴에게 쌍둥이 여동생이 태어나다

부르크에서 열리는 연주회에 가 있었어요.

"아이를 낳을 때는 필이 옆에 있어 주었으면 했는데. 필도 그러고 싶어 했고요."

"하지만 이건 여자들의 일이에요!"

파티마가 단호한 태도로 말했어요.

"어서 병원으로 가야 해요. 이렇게 이야기하고 있을 시간도 없다고요. 걱정하지 말아요. 내가 일하는 산부인과로 데려갈 거예요. 거기서 모든 걸 다 알아서 해 줄 거예요."

"키릴은요?"

마리나는 아무래도 내키지 않는 듯 말했어요.

"키릴은 우리 집에 있으면 돼요. 얌전하게 잘 있으니까 괜찮아요."

파티마가 말했어요.

마침내 응급차를 불렀어요. 차가 도착하자 키릴은 엄마를 차까지 부축했어요. 파티마는 마리나 옆에 앉아서 구급 대원에게 어느 병원으로 가자고 말을 했어요. 곧 응급차가 떠났어요. 키릴은 다우트와 함께 다우트의 집으로 가서 저녁을 먹었어요. 텔레비전도 좀 보고 잠자리에 들었어요. 키릴은 밤새 잠을 이루지 못했어요. 내내 몸을 뒤척이며 기분 나쁜 꿈을 계속 꾸었어요.

다음 날이었어요. 아침을 먹고 있는데 파티마가 병원에서 퇴근을 했어요. 파티마는 키릴에게 축하의 인사를 건넸어요.

"여동생이 둘이나 생겼어. 쌍둥이야. 몸집은 아주 조그맣지만 건강하고 너무너무 예쁘단다. 아기들이 좀 더 건강해지고 자랄 때까지 기다렸다가 다 함께 병원에 가 보자. 알겠지?"

 키릴은 너무 놀라서 아무 말도 나오지 않았어요. 남동생 한 명이 태어날 줄 알았는데, 여동생이 둘씩이나 태어나다니요!

 며칠 동안 파티마는 매일 마리나를 찾아갔어요. 병실을 갈 때마다 온갖 과일을 선물해 주었어요. 며칠 후 필이 돌아왔어요. 키릴은 필과 함께 지내면서 갑자기 두 배로 커진 가족생활에 서로 맞춰 가는 연습을 시작했어요.

 2주 후 필과 키릴은 함께 병원으로 가서 마리나와 쌍둥이를 집으로 데려왔어요. 집에서는 뉴라 할머니가 맛있는 음식을 해 놓고 기다리고 있었어요. 그날 저녁은 다우트 가족을 모두 초대해서 파티를 열 계획이었어요.

 저녁 시간은 무척 즐거웠어요. 마리나는 아기 침대 옆에 앉아 있다가 벌떡 일어나서 필을 껴안고는 했어요. 아직은 아기들이 작아서 침대 하나로도 충분했어요. 파티마는 불만이라는 듯 말했어요.

6장 키릴에게 쌍둥이 여동생이 태어나다

"마리나, 좀 편안히 있어요. 산후 조리를 잘해야 해요."

다우트의 아빠는 처음에는 필을 못미더운 표정으로 힐끔힐끔 바라봤어요. 하지만 차를 마시면서 필에게 압하지야의 전통 악기인 '아차르판'의 연주법을 가르쳐 주었어요. 다우트의 가족이 슬슬 집으로 가려던 참이었어요. 갑자기 초인종이 울리더니 한 무리의 사람들이 우르르 몰려 들어왔어요. 꽃과 샴페인을 들고서 말이에요.

"아빠! 와, 신난다!"

키릴이 외쳤어요.

키릴의 아빠와 아빠의 새 아내인 타마라와 알랴였어요. 타마라가 출연 중인 연극이 늦게 끝나는 바람에 이렇게 늦게 도착한 것이었어요. 알랴는 곰돌이 인형을 두 개 안고 있었어요. 어린 남동생은 너무 늦어서 집에 재워 두고 왔어요. 다시 한 번 여기저기서 입맞춤 소리가 '쪽쪽' 나고 샴페인 잔이 돌고 축하 인사가 이어졌어요. 뉴라 할머니는 부엌에 치워 뒀던 음식을 다시 가져왔어요. 인사가 끝나자 한 사람씩 살금살금 걸어서 쌍둥이가 자고 있는 방으로 들어갔어요.

파티마는 마리나가 쉬어야 한다고 다시 다그쳤어요. 하지만 마리나는 내일 쉬어도 된다며 괜찮다고 했죠. 필이 어찌나 행복해 하는지 키릴의 아빠가 이렇게 말할 정도였어요.

"필, 자네가 부러워 죽겠군!"

그러더니 필의 배를 주먹으로 툭 쳤어요. 필은 지지 않겠다는 듯 키릴의 아빠의 발치에 쿠션을 던져서 비틀거리게 한 후 붙잡았어요. 두 사람은 키릴과 다우트가 종종 그러듯이 엉겨 장난을 쳤어요. 다우트의 아빠는 새로 온 손님들이 누구인지 도무지 알 수 없었어요. 그래서 다우트가 가족 관계를 살짝 설명해 주었어요.

마리나는 아기들에게 젖을 먹이러 방으로 들어갔어요. 나머지 사람들은 마리나를 기다리면서 그녀가 제일 좋아하는 노래인 〈오! 눈보라여, 눈보라여!〉를 부르기 시작했어요. 타마라의 목소리가 제일 고왔어요.

다우트의 부모님이 돌아가기 위해 키릴의 집에서 나왔어요. 다우트는 빌릴 책이 있어서 조금 더 있었어요. 두 사람은 말없이 엘리베이터를 탄 뒤 버튼을 눌렀어요. 두 사람은 엘리베이터에서 내내 아무 말도 하지 않았어요. 마침내 1층에 도착하자 다우트의 아빠가 말문을 열었어요.

"아이고 정신없어! 이혼한 남편에, 그 남편의 아내에, 또 재혼한 남편까지…….."

"아직 남편은 아니죠."

파티마가 지적했어요.

다우트의 아빠는 파티마를 엄한 눈초리로 바라보았어요.

"남편 말을 끊지 말아요. 내가 말하고 있잖소. 전남편, 새 남편에 의붓딸에……."

"재혼한 아내가 데려온 아이니까 엄밀히 말해 의붓딸은 아니죠."

파티마가 또 지적을 했어요.

"남편 말을 끊지 말라니까."

말은 그렇게 했지만 정작 얼굴은 빙그레 웃고 있었어요.

"새 딸에 헌 아들에 쌍둥이까지. 그래도 얼추 가족이 되었구려. 그렇지 않소?"

"그렇고말고요. 좋은 사람들이고, 행복한 가족이에요!"

"아버지한테는 아무 말도 하지 말아요. 아버지는 절대 이해하지 못하실 거요."

"당신은 아버님을 잘 모르세요. 현명한 사람이라면 무슨 일이 있어도 다른 사람을 잘 이해할 수 있는 법이라고요."

근친상간 혹은 오이디푸스 왕의 비극적인 이야기

어느 문화권에서나 아들과 어머니, 딸과 아버지, 친남매의 결혼을 엄격하게 금하고 있어요. 이러한 금기는 기원전 5세기에 소포클레스가 쓴 고대 희극인 「오이디푸스 왕」에 잘 나와 있어요. 이 이야기의 주인공인 오이디푸스 왕은 운명의 장난으로 자신의 친어머니와 결혼을 하게 되었어요. 물론 그는 그런 사실을 꿈에도 몰랐죠. 마침내 진실을 알게 된 오이디푸스 왕은 자신의 눈을 찔러 장님이 되고 말아요. 이 이야기는 역사와 문학에 처음으로 등장하는 근친상간, 즉 부모와 자식 간의 결혼에 대한 기록이에요. 이런 관계는 어느 사회에서나 인륜에 반하는 행위로 여겨요.

부모와 자식 간이 아닌 다른 친족 관계의 결혼에 대해서는 민족마다 판단하는 기준이 달라요. 대부분의 사회에서는 남매의 결혼을 금지하고 있어요. 하지만 고대 이집트의 파라오나 잉카 왕조는 남매간의 결혼을 장려했어요. 그런 결혼으로 왕권을 더욱 강화하려고 했기 때문이에요.

유럽과 미국의 문화에 많은 영향을 끼친 성경에도 친척 간의 결혼에 대한 이야기가 여러 번 나와요. 주로 삼촌과 조카의 결혼이나 사촌 간의 결혼이 많이 나와요.

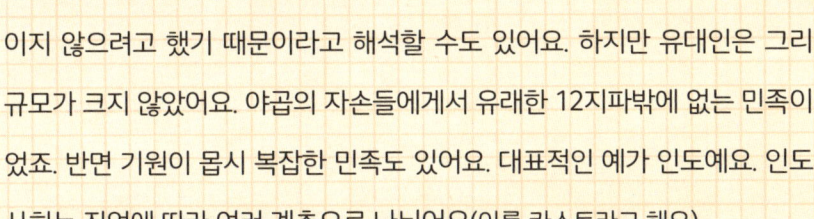

　이런 현상은 유대인이 유일신을 믿는 자신의 종교를 지키고 다른 종교를 믿는 이웃의 유목 민족과는 섞이지 않으려고 했기 때문이라고 해석할 수도 있어요. 하지만 유대인은 그리 규모가 크지 않았어요. 야곱의 자손들에게서 유래한 12지파밖에 없는 민족이었죠. 반면 기원이 몹시 복잡한 민족도 있어요. 대표적인 예가 인도예요. 인도 사회는 직업에 따라 여러 계층으로 나뉘어요(이를 카스트라고 해요).

　상위 카스트에는 귀족, 전사, 사제가 속하고 하위 카스트에는 농부와 수공업자 등이 속해요. 이렇게 카스트가 낮은 사람들 중에는 '불가촉천민'도 있어요. 말 그대로 카스트가 다른 사람들은 이 사람들과 접촉을 하지 않으려고 해요. 인도에는 지금도 카스트가 같은 사람들끼리만 결혼을 해야 한다는 법이 있어요. 이 법을 '동족결혼'이라고 불러요. 만약 카스트가 높은 사람이 카스트가 낮은 사람과 결혼을 하려고 하면 많은 사람들이 그 결혼을 '불결'하거나 '무효'라고 여길 정도예요. 인도에서는 당연히 이런 결혼을 금기시해요.

　유럽의 귀족들 사이에도 근친결혼은 널리 퍼져 있어요. 최근까지도 유럽의 왕족들은 가까운 친족 관계로 이어져 있었어요. 프랑스, 스페인, 영국과 러시아의 귀족들은 결혼으로 맺어진 친척들이었어요. 반면 친족 이외의 사람들과

만 결혼을 허락하는 반대의 규칙도 존재해요. 그런 원칙을 '족외 결혼'이라고 해요.

현대사회에서는 근친상간을 엄격하게 금하고 있어요. 배우자를 선택할 때 적용하는 그 외의 기준들은 이제 큰 의미가 없어요. 하지만 동양을 비롯해 여러 나라에서는 이전처럼 결혼 당사자들의 의견보다 부모의 뜻과 사회 및 종교적 제약을 더 중시하는 경향이 남아 있어요.

러시아에서는 정신적인 관계에 놓인 사람들의 결합을 더욱 큰 죄로 여겼어요. 이를테면 대자녀와 대부모 또는 대부모의 친자식은 결혼을 해서는 안 되었어요. 러시아의 어떤 지역에서는 배우자와 성이 같기만 해도 비난을 받았어요.

알렉세이 황태자의 유전병

러시아 로마노프 왕조의 마지막 황제인 니콜라이 2세는 유럽의 수많은 귀족 가문과 친척이었어요. 로마노프 왕가의 남자들 대부분이 대대로 유럽의 공주들과 혼인을 했기 때문이에요. 니콜라이 2세의 어머니 마리아 표도로브나는 덴마크의 공주였어요. 따라서 덴마크의 국왕인 크리스티앙 4세가 니콜라이 2세의 외할아버지인 거예요. **니콜라이 2세는 영국의 빅토리아 여왕의 손녀와 결혼을 했어요. 그녀의 핏속에는 프랑스의 왕비이자 스코틀랜드의 여왕이었던 '메리 스튜어트'의 피가 흐르고 있었죠.** 영국의 에드워드 7세와 그리스의 게오르그 1세는 니콜라이 2세의 삼촌이었어요. 니콜라이 2세의 선조 중에는 프로이센, 헤센다름슈타트, 뷔르템베르크와 독일의 공주들이 많이 있어요. 니콜라이 2세의 고조할머니인 예카테리나 여제도 원래 독일의 공주였어요.

  독일 제국의 황제 빌헬름 2세는 니콜라이 2세의 삼촌이었어요. 이렇게 따지다 보면 유럽의 모든 왕족이 서로 가까운 친척 관계가 되었죠. 사람들이 고생하는 질병들 중에는 유전병이 있는데, 근친결혼을 할수록 걸릴 확률이 높아요. 니콜라이 2세의 가족에게도 같은 일이 일어났어요. 그의 아들인 알렉세이 황태자는 혈우병을 앓았는데, 그 병은 모계 혈통을 통해 유전되지만 남자들에게만 발현하는 유전병이에요.